Scene da un matrimonio

Un capolavoro di Ingmar Bergman

Salvatore M. Ruggiero

"Non siamo che analfabeti dal punto di vista sentimentale. Ci hanno insegnato tutto ma non ci hanno insegnato una sola parola sulla nostra anima. L'ignoranza su noi stessi è praticamente totale."

(Ingmar Bergman)

PROLOGO

Nel 1972, dopo il grandissimo successo ottenuto con *Sussurri e grida*[1], Ingmar Bergman decide di tuffarsi negli orrori della più santa e intoccabile tra le istituzioni sociali e religiose: il matrimonio. Lo fa con *Scene da un matrimonio*[2], un film concepito inizialmente per la televisione, come serie in 6 puntate da 50 minuti l'una, ma del quale preparerà anche una versione per il cinema più corta - da 155 minuti prima e definitivamente di 168 - da proiettare nelle sale. Spiega Ingmar Bergman: *"Inizialmente pensavo di fare*

---

1 *Viskningar och rop*, 1972.
2 *Scener ur ett äktenskap*, 1973.

un'opera teatrale su un uomo che torna a casa dalla moglie e le dice di voler rompere il loro relativamente buon matrimonio per unirsi con un'altra donna. Più tardi, tornai a scrivere, mi domandai come fossero andate le cose tra loro prima e se veramente i loro rapporti erano stati così buoni, come entrambi sostenevano. Così, prima ancora di accorgermene, avevo scritto sei distinti dialoghi sul matrimonio e su tante altre cose."

Il primo episodio della versione televisiva integrale lunga ben 294 minuti, verrà trasmesso l'11 aprile del 1973; l'ultimo il 16 maggio dello stesso anno.

Il film, che è la storia, anzi la

cronistoria del progressivo, inarrestabile disfacimento di un rapporto matrimoniale, ebbe in Svezia (e nel resto del Mondo) una notevole portata sociale, oltre che culturale: fu calcolato che tre milioni di svedesi (la metà dell'intera popolazione) seguì gli ultimi tre episodi della serie; il numero dei divorzi aumentò in modo esponenziale, in quello stesso anno e nel corso del successivo; molti spettatori si rivolsero direttamente al regista per ottenere da lui vere e proprie consulenze matrimoniali; Daniel Jacobs, creatore della serie televisiva americana *Dallas,* dichiarò di esserne stato influenzato profondamente e di essersi ispirato a *Scene da un matrimonio.*

Nel film c'è molto di autobiografico. Ingmar Bergman scava nelle sue angosce personali e private, come sottoponendosi a una vera e propria seduta di auto-psicoanalisi: praticamente il film è la trasposizione del suo recente, intenso e burrascoso rapporto con l'attrice Liv Ullman e di altre esperienze sentimentali pregresse. Per personale ammissione egli attinse a piene mani da quella e da altre relazioni. Liv Ullman fu sua compagna per i 5 anni successivi alle riprese del film *Persona*[3]. Dalla sua attrice feticcio del periodo, rimasta in cinta all'epoca dei primi *ciak* a Faro nel luglio del '66, ebbe una figlia: Lynn, che, prese il cognome della

----

3 *Persona*, 1966.

madre. Per il film Ingmar Bergman si ispirò anche ad un altro grave avvenimento autobiografico: l'innamoramento della madre per un giovane seminarista e le furibonde liti, tra lei e il padre, che ne seguirono e alle quali, intorno ai dieci anni, per un lungo periodo assistette in casa sua. *"Noi non sapevamo che la mamma stava vivendo un amore appassionato e che il papà soffriva di una profonda depressione. La mamma era pronta a rompere il matrimonio, il papà minacciò di togliersi la vita, si riconciliarono e decisero di rimanere insieme <per amore dei bambini> come si diceva a quel tempo.[4]"*

---

4   Ingmar Bergman, *Lanterna magica.*

Per tutti gli altri avvenimenti ai quali il Maestro attinge basti solo citare il terzo episodio[5] del film: quello intitolato *Paula,* che si riferisce chiaramente alla fuga d'amore a Parigi[6] con l'ennesima fiamma del momento, Gun Hagberg, dopo aver abbandonato a casa la moglie titolare Ellen Lundstrom, alla quale, al ritorno, confessa candidamente la sua relazione e annuncia di voler andare a vivere con l'amante.[7]

Ma bisogna anche dire che Ingmar Bergman, per la stesura

---

5 Il film è diviso in sei episodi.

6 *"Rimanemmo a Parigi tre mesi."* (Ingmar Bergman, *Lanterna magica*)

7 *"Chi fosse interessato può sapere quel che accadde seguendo la terza parte di* Scene da un matrimonio. *L'unica differenza è la descrizione dell'amante Paula."* (Ingmar Bergman, *Lanterna magica*)

della verbosa ma efficacissima sceneggiatura, attinge a piene mani anche dalla sua profonda conoscenza dei testi di Strindberg.[8] E' risaputo che Ingmar Bergman, come Strindberg, era ossessionato dal tema della educazione puritana e dalla rappresentazione infernale della vita di coppia. In più, Strindberg sosteneva (e Ingmar Bergman lo sottoscriveva in pieno) che: *"L'autobiografismo è la forma più alta di letteratura."*

Come bisogna pure dire che, contrariamente ad altri suoi capolavori, nei quali il regista si poneva una serie di interrogativi senza fornire nemmeno abbozzi

---

8   *"Cosa c'è di più violento di due persone che si detestano?"*

di risposte, in questo suo bellissimo lavoro, Ingmar Bergman muove da un chiaro interrogativo - *cosa sta all'origine del fallimento di molti rapporti matrimoniali?* - e fornisce più di una risposta: il matrimonio è una istituzione obsoleta; la *routine* quotidiana è una mina che prima o poi esplode; le piccole grandi menzogne che i coniugi si raccontano un giorno verranno alla luce e allora saranno guai; l'egoismo personale allontana il singolo dalla coppia; e qualche altra ancora. Tutte alluse più o meno esplicitamente, o somministrate a piccole, ma sapienti dosi, nel corso del film. Ovviamente Ingmar Bergman non propina allo spettatore solo guai, discussioni e liti, ma si pregia addirittura di chiudere il film con un positivo messaggio di speranza (non è la prima volta nei film di Ingmar Bergman ingiustamente dipinto dagli spettatori più sprovveduti come pessimista e fonte di depressione psichica): quando il matrimonio finisce, ma la relazione interpersonale continua nella solidarietà e nel rispetto reciproco, essa può trasformarsi in un nuovo rapporto, in una amicizia più solida, sincera, vera e duratura della relazione precedente.[9]

---

9   Nel finale del film si intuisce che Johan e
    Marianne sono diventati amanti.

SINOSSI

Il film è la storia di un uomo, di una donna e del loro matrimonio che naufraga. Ed è un capolavoro. Come scrisse Jean-Luc Godard[10]: *"...solo Bergman è capace di filmare gli uomini come li amano ma li detestano le donne e le donne come le detestano ma le amano gli uomini."*
Inizia con una *mise en abyme*, una ripresa all'interno delle riprese: l'allestimento, nel loro salotto buono, di una intervista televisiva che i due protagonisti principali del film rilasciano a una giornalista un po' invadente. I due sono: Marianne, interpretata in modo magistrale da Liv Ullman,

---

10 *Monika*, *Art*s, n. 680, 30 luglio 1958.

che ha 35 anni, è figlia di un magistrato, fa l'avvocato civilista esperto di diritto matrimoniale in uno studio legale e Johan, con cui è sposata da 10 anni, che è figlio di un medico, ha 42 anni e fa l'insegnante in un istituto psicotecnico. Marianne e Johan, che hanno due figlie Karin ed Eva, dichiarano di essere già stati sposati e di esserlo, ora, assai felicemente. Lui dice sfacciatamente di essere un egoista: *"Bado ai fatti miei e degli altri me ne infischio."* Mentre lei sostiene di credere nell'amore per il prossimo: *"Credo nell'amore per il prossimo, se tutti gli esseri umani fin da piccoli imparassero a curarsi l'uno dell'altro, il mondo sarebbe diverso.* "[11] E qui Ingmar Bergman ci fornisce già una chiave per accedere al film, per penetrare nella trama e nella esatta comprensione dei due personaggi principali e della loro storia. Potrebbe anche essere solo una questione di egoismo e d'amore. Entrambi quasi si schermiscono dietro la facciata di una vita e di un *menage* che almeno in apparenza appaiono perfetti, impeccabili, senza problemi apparenti. Ma, Ingmar Bergman ammonisce: *"... perfino non avere problemi può diventare un grosso problema."* Egli vuole dirci che nessun matrimonio, anche quello apparentemente il

---

11 Lo dichiarano - Johan con autoreferenza, Marianne quasi a denti stretti - all'inizio del film, nel corso dell'intervista filmata.

14

più bello e riuscito, è esente dal rischio di naufragare nel disfacimento e può implodere da un momento all'altro. In effetti, qualche crepa nel matrimonio di Marianne e Johan esiste già, anche se al momento loro non se ne rendono conto.

Il film è diviso in sei episodi dai dialoghi magistrali, sempre fittissimi e serrati.

1 - *Innocenza e panico*. Marianne e Johan assistono, durante una cena, al violento alterco tra Peter e Katarina, una coppia di loro amici[12]. "*Mi chiedo se esista qualcosa di più orribile di un marito e di una moglie che si odiano.[13]*"

---

12 Interpretati da Jan Malmsjo e Bibi Andersson.
13 August strindberg.

A casa i due si rallegrano di essere *"L'eccezione che conferma la regola"*.

2 - L'arte di nascondere la spazzatura sotto il tappeto. Marianne e Johan discutono sulla opportunità di andare al pranzo domenicale dai genitori di lei e intanto la donna viene a sapere, da un colloquio di Johan con una sua collega di lavoro, che lui ha fatto leggere a lei e non alla moglie, le sue poesie. Marianne sul posto di lavoro presta la sua consulenza alla signora Jacobi che è decisa a divorziare. La donna afferma di non averlo fatto prima per amore dei bambini[14].

---

14 In *Lanterna magica* Bergman scrive della madre Karin che, invaghitasi di un giovane seminarista, non lasciò il padre proprio ..."*per i figli.*"

Marianne e Johan una sera vanno a teatro a vedere *Casa di bambola* di Ibsen, quando tornano a casa sono inquieti, quasi di malumore, ma entrambi lo negano a se stessi.

3 - *Paula*. Non a caso intitolato *Paula,* in questo episodio Johan dice a Marianne: *"Non ho idea di cosa succederà."* e le confessa di essere *"disorientato e felice"* perché si è innamorato di una studentessa e si dice deciso a partire l'indomani con lei. Ma, nel contempo, aggiunge: *"Sono ingiusto, siamo stati bene insieme. Credo di amarti ancora. Credo di amarti di più da quando ho incontrato Paula. Non accuso te. Tutto è andato all'inferno chissà perché".* Marianne lo tratta con gentilezza, nella speranza di trattenerlo a casa, ma il mattino seguente Johan parte. Marianne, tenta di strappargli un impegno: *"Promettimi che tornerai."* Poi, desiderando appurare la portata dell'avvenimento, telefona ad alcuni amici, racconta quanto è successo e viene a sapere che tutti erano a conoscenza della relazione del marito con la ragazza, tranne lei.

4 - *Valle di lacrime*. Dopo sei mesi Marianne e Johan si incontrano nella loro casa, ma nasce subito una discussione riguardo alla mancanza di disponibilità di Johan nei confronti delle bambine. Marianne lo invita a rimanere a cena e i due si baciano. Johan confessa di essersi stancato della relazione con Paula e Marianne gli racconta dei rapporti avuti con altri e del suo amore-odio nei suoi confronti. Johan cerca di abbracciarla, ma Marianne si allontana respingendolo. Lo invita però a rimanere a dormire ed egli accetta, ma nel pieno della notte si sveglia preso dall'angoscia, si veste e va via. *"Devo andare via - dice - mi viene l'angoscia."*

5 - *Gli analfabeti.* Marianne va da Johan per controllare i documenti, sul divano i due sentono rinascere l'attrazione fisica, ma il rapporto sessuale che segue lascia lei indifferente. I due si rinfacciano i reciproci errori, si insultano e Johan malmena Marianne e le impedisce di uscire. *"Non siamo che analfabeti dal punto di vista sentimentale. Ci hanno insegnato* *tutto ma non ci hanno insegnato una sola parola sulla nostra anima. L'ignoranza su noi stessi è praticamente totale."* Aggiunge, con amarezza: *"Quest'estate compirò 45 anni. Obiettivamente sono finito. Impiegherò gli ultimi anni ad andare in giro ad avvelenare l'esistenza degli altri."* Infine i due firmeranno pacificamente i documenti.

6 - *Nel cuore della notte in una casa buia da qualche parte nel mondo.* Sono ormai trascorsi sette anni e i due, risposatisi con altri compagni, si incontrano per un fine settimana. Come al solito si dicono reciprocamente di essere felici. Si recano nella loro casa di campagna dove tutto è rimasto come un tempo e Johan propone a

Marianne di festeggiare, ma lei risponde che preferisce festeggiare il loro ventesimo anniversario di matrimonio. La casa è troppo piena di ricordi e la coppia decide di andare nel *cottage* messo a disposizione da loro amici. I due sono emozionati e si scambiano impressioni e confidenze, come mai avevano fatto prima. Vanno a letto. Marianne ha un incubo: *"Dovevo attraversare un punto pericoloso. Non avevo le mani e sprofondavo nella sabbia."* Poi dice a Johan: *"Credi che viviamo in una totale confusione? Credi che dentro di noi si abbia paura perché non sappiamo dove aggrapparci? Non si è perso qualcosa di importante? Credo che in fondo c'è il rimpianto di non aver amato nessuno e che nessuno mi abbia amato"*. Il film termina con i due amanti che dopo essersi augurati la buona notte si addormentano. *"Buona notte, amore."*

Amore e odio, tenerezza e livore, si sono trasformati in solidarietà, una vera vera amicizia, durevole e sincera.

RECENSIONE

Scene da un matrimonio[15] è l'ennesimo film di Ingmar Bergman sul problema della incomunicabilità tra gli uomini e sul dramma della impossibilità di una corretta gestione dei rapporti interpersonali e interfamigliari. Il fatto che sia verbosissimo non contraddice questa sua connotazione. Del resto non è affatto detto che molte, troppe parole corrispondano sempre e necessariamente ad una civile e precisa trasmissione delle idee. In *Scene da un matrimonio* Ingmar Bergman affonda il suo bisturi in modo profondo, crudo, violento, volutamente e assolutamente

15 *Viskningar och rop*, 1972.

impietoso, senza anestesia, nella carne viva della istituzione familiare per eccellenza: il matrimonio. L'opera è un affresco complesso e impressionante dell'istituto matrimoniale, un quadro contundente, dipinto con palese, quasi compiaciuto pessimismo, in parte dovuto, come quasi sempre nei film di Ingmar Bergman, a motivi autobiografici. Il fatto che Ingmar Bergman, nei sui film, faccia largo uso delle sue esperienze personali deriva da un suo privato compiacimento che, peraltro, lo induce anche a considerare con favore i colleghi che fanno parimenti: non è un caso, ad es. che egli ammirasse Fassbinder: "*...soprattutto per come usa le proprie inclinazioni personali* *come materiale narrativo."*

In questo caso specifico contribuisce, certamente, la fine recente della sua relazione con Liv Ulmann. *"Ingmar mi lasciò con una lettera di undici pagine.[16]"*

Gli anni '70 risultano, d'altronde, dalle statistiche del tempo, il periodo più fervido di separazioni coniugali di tutto il XX° secolo. Una legge per il divorzio, la cd. Legge *"Fortuna-Baslini"*, venne introdotta anche nella cattolicissima Italia nel 1970. E si cercò, inutilmente di abrogarla, con un referendum nel 1974.

A Ingmar Bergman, tuttavia, non interessa dipingere la separazione

---

16 *La Stampa,* 20 agosto 1996.

dei due coniugi, ma piuttosto lo studio analitico della fenomenologia del fallimento dell'evento matrimoniale e le sue conseguenze sui singoli. I due protagonisti, Marianne e Johan, tanto cari al regista - che infatti li analizzerà ancora, 40 anni dopo, in *Sarabanda*[17], la sua ultima opera cinematografica - sembrano la coppia ideale e per molti aspetti lo sono: nell'intervista che apre il film, si presentano come due coniugi felici, soddisfatti, accontentati, quasi compiaciuti (a dire il vero più lui che lei) dalla perfezione del loro rapporto e dall'obiettivo della macchina fotografica del *cameraman,* che pare carezzarli immortalandoli in

---

17 *Sarabanda*, 2003.

momenti di vero rapimento, di estasi matrimoniale. Ma quella perfezione inespressiva, che si rivelerà finta, sembra fin dall'inizio troppo fragile per resistere alla furia delle liti e delle discussioni. E, come dimostra la furente litigata fra Peter e Katarina, i due amici ospiti a cena, la coppia invecchiando insieme nel rapporto rende evidente tutta la sua inadeguatezza a poter coltivare sentimenti ancora sinceri. Ingmar Bergman aveva già accennato all'impossibilità della coppia di vivere nella sincerità, e di resistere alle intemperie della vita, nel suo precedente *"Sussurri e grida"*[18]. Tra i due coniugi

---

18 *Viskningar och rop*, 1972.

(interpretati dagli stessi attori che lì erano amanti), infatti, si fanno strada sospetti e diffidenze, rimorsi e tormenti, fallimenti e delusioni, capaci di far franare il loro ideale di vita comune. Quando, poi, Johan confessa alla moglie di averla tradita, in lei inizia a traballare l'equilibrio psichico e anche quello comune, che seppur ingannevolmente l'avevano finora sostenuta. Marianne ricorda la profetica esposizione della signora Jacobi, sua assistita, che le aveva raccontato come può essere non solo rovinoso ma autodistruttivo un matrimonio vuoto d'amore.

I due, che non si vedono per lunghi periodi di tempo, quando si incontrano tentano sempre di farsi del male, di torturarsi, cercando di mettere in atto una cervellotica e inadatta terapia sessuale: come se il sesso fosse il collante per rimettere insieme e ritrovare il loro rapporto. Nessuno dei due riesce a capire veramente che l'assenza di libido sessuale, che aveva caratterizzato gli ultimi anni del loro rapporto, non era che l'effetto di una comunione, ma allo stesso tempo li allontanava: la drammatica ignoranza di se stessi e di conseguenza anche la mancata consapevolezza di cosa era diventato il loro rapporto, e cioè una soffocante maschera delle loro piaghe interiori, delle ferite intime, delle loro scissioni più interne, tinteggiata con meschini compromessi morali e silenziose mezze verità, che intanto corrodevano i loro animi. È anche questa la causa dell'esplosiva violenza di Johan nei confronti di Marianne, al momento di firmare le carte del divorzio e dell'isterico impulso erotico che spinge Marianne a chiedere al marito sempre un ultimo bacio, un'ultima notte, un ultimo amplesso, un ultimo piacere. Questo orrendo spettacolo di menzogne e dolori non nasconde, tuttavia, un messaggio importante: mentre all'inizio della crisi il rapporto dialogico tra i due contendenti deteriorandosi diventa una sorta di "muro di gomma" contro il quale le parole di ciascuno di loro si scontrano, rendendo impossibile qualunque tentativo di riconciliazione; questa stessa coppia, ritrovato l'equilibrio nervoso e un minimo di civiltà, riesce a ritrovarsi, alla fine, solo grazie al dialogo, alla tolleranza, alla comprensione e alla tenerezza dei ricordi che li sfiorano e che non li lasciano mai soli. Attraverso l'egoismo, dunque, si arriva alla morte del matrimonio; dalle ceneri del matrimonio, attraverso la solidarietà reciproca, la capacità di ascoltare l'altro, la lealtà e la capacità di comprendere, rinasce - come la nuova fenice - una nuova consapevolezza; si costruisce una nuova dimensione del rapporto, rifiorisce un'amicizia duratura e profonda. Il film narra, infatti, anche la radicale trasformazione del sentimento iniziale che ha indotto la coppia alla convivenza, l'amore, in puro odio. E prova, qualora ce ne fosse bisogno, che gli obblighi istituzionali e le convenzioni civili, legali e sociali possono essere nemici delle relazioni interpersonali e matrimoniali. *"Mi sono spesso chiesto se non ci sia niente di peggio di un marito e di una moglie che si detestano.[19]"*

Nel contempo il film lancia anche un grande messaggio universale di religiosità e di rispetto fra gli uomini. Mutuando il messaggio evangelico di Gesù Cristo: *"Ama il prossimo tuo come te stesso"[20]*,

_____

19 Dice Johan, citando August Strindberg.
20 Il verso originale si trova nel Lv 19,18: *«Non vendicarti, e non serbar odio contro i figli del tuo popolo; ma ama pel tuo prossimo quel che ami per te. Sono io il Signore».*

che Ingmar Bergman, all'inizio del film, mette in bocca a Marianne. Non è roba solo per esegeti, e un mistero per tutti gli altri, che per Ingmar Bergman *"Dio è l'Amore, e l'Amore è Dio. L'Amore è una prova dell'esistenza di Dio. L'Amore è la sola realtà di questo nostro pietoso mondo terreno.*[21]*"* Solo amando il nostro prossimo si può riuscire a colmare il vuoto che la mancanza, l'assenza e il silenzio di Dio lasciano dentro ognuno di noi. *"La nostra sola libertà è l'Amore, l'Amore vero voglio dire. E dentro abbiamo l'amore siamo liberi.*[22]*"*

E, infine, chi può dire se

---

21 Ingmar Bergman, *Lanterna magica.*
22 Da una intervista di Gian Luigi Rondi a Ingmar Bergman, *Il Tempo,* 19-02-1981.

Marianne sbaglia ad attirare a se ancora una volta Johan, con le lusinghe del sesso coniugale? Anche qui Ingmar Bergman, da sempre indulgente nel porre domande, ma assai parco a fornire risposte, pare avvertirci che il sesso non è la panacea ai mali del matrimonio e della coppia in esso, ma dev'essere un punto d'arrivo nella perfetta simbiosi della coppia; non bisogna commettere l'errore ferale di considerarlo un punto di partenza per la sua riconciliazione, né una infallibile terapia dei mali di quella.

CONCLUSIONI

In questo bellissimo film Ingmar Bergman rende la sua regia cinematografica ferma, teatrale, discreta, quasi invisibile: la macchina è sempre fissa sui due straordinari attori, quasi sempre in scena da soli, ma non è mai invadente. Perfetto esempio di *Kammerspielfilm*[23], pare di trovarsi in una *piece* teatrale di Strindberg[24]. Lo stesso Ingmar Bergman la riteneva una variazione sul tema della *"Danza macabra"* di Strindberg, un dramma simbolista del 1900.

---

23 Cinema da camera.
24 *Venerdì 30 Gennaio riprenderemo le prove de* La danza macabra *di Strindberg.* (Ingmar Bergman, *Lanterna magica*).

Come è solito fare Ingmar Bergman indugia molto, anzi scava nei volti dei protagonisti con primissimi piani quasi ossessivi: che si tratti del bel volto franco ed espressivo di Liv Ullman o del volto sofferto e rassegnato dell'anziana ma dignitosa signora Jacobi. *"A volte si fanno i primi piani perché la situazione li esige, ma a volte li fai perché hai una voglia furente di sfidare le tue idee e quelle degli attori sulla espressione cinematografica. In quel momento ti accorgi di quanto il primo piano sia difficile, e quante cose riesce a rivelare, non solo il primo piano, ma anche la battuta che lo accompagna.*[25]"

25 S. Bjorkman, T. Hammen, J. Sinna, *Le cinema selon Bergman.*

I dialoghi, poi, sono bellissimi, serrati, intensi, di grande sensibilità, efficacia e realismo. In una parola: veri. In più è da ritenersi che ciascuno degli spettatori possa rivedere un po' di se e della propria relazione in questa storia. Nessun altro film è mai riuscito a fotografare il matrimonio, la sua bestialità, le sue difficoltà di gestione civile, ma anche il suo *non-sense* e la sua illogicità, come *Scene da un matrimonio.*

I due ex-coniugi alla fine del film si sono trasformati in amanti. Cosa vuole dirci Ingmar Bergman? Che ci si può detestare e odiare ma si può comunque provare un gran piacere nel fare sesso col compagno abbandonato? Cos'altro vuole suggerirci? Che il collante di una coppia è il desiderio reciproco del corpo del proprio compagno e dell'amplesso con esso? Forse. Forse è così. Davvero. Ma quello che Ingmar Bergman tiene certamente a dirci è che la convenzione sociale che noi chiamiamo matrimonio non è sempre sinonimo d'amore e di condiscendenza; non pone di per se al riparo da incomprensioni e da liti, anche selvagge; e aggiunge che nemmeno può bastare a garantire la mutualità e la cooperazione tra i soggetti. Qualche volta esso è generatore di odio, intolleranze, livori, ripugnanze, addirittura violenze. Come detto in precedenza, la coppia ha due bambine, ma il problema dei figli nelle coppie, che prima si separano poi divorziano, viene appena accennato: sembra non interessare a Ingmar Bergman che lo abbozza soltanto, lo suggerisce a bassa voce solo in una scena, quella nella quale Johan si accomiata da Marianne dopo aver passato un po' di tempo con lei. Marianne salutando Johan lo ammonisce di farsi vedere più spesso, non per tentare di fare l'amore con lei ma per vedere le bambine, che lui ha ampiamente trascurato. *"Fatti vedere più spesso* - gli dice accorata - *fallo per le bambine, almeno."*

Anche se *Scene da un matrimonio* pare lontanissimo dagli altri film, nei quali il

Maestro si interrogava ripetutamente sull'*Assenza di Dio*, come ad es. *Il settimo sigillo* o i tre che compongono la *Trilogia religiosa*[26], si può affermare che, sostanzialmente, anche in questo uno degli intenti reconditi di Ingmar Bergman sia quello di cercare una prova della *Presenza Dio*. Ed, infatti, si può dire che in questo film l'*Assenza di Dio* sta nell'egoismo (soprattutto di Johan) e nell'angoscia della solitudine (di entrambi i coniugi); mentre la *Presenza di Dio* sta nell'Amore. Al di là del matrimonio, ma anche del divorzio, come istituzioni, per Ingmar Bergman è importante che

---

26 *Il silenzio* (1963), *Tystnaden*; *Luci d'inverno* (1963), *Nattvardsgästerna*; *Come in uno specchio* (1961), *Såsom i en spegel*.

nella coppia si cerchi, anche con pervicacia, e si ritrovi un vero rapporto d'amore e di comunione; che non sia fatto solo di sesso, ma vada nella direzione della fiducia e della comprensione reciproche. Il film costò solo 150.000 dollari. Non moltissimo per i *budget* dell'epoca, anche perché fu girato in parte in una delle dimore che Ingmar Bergman si era fatto costruire sull'isola di Fårö, nella contea dell'arcipelago di Gotland, diventata in pratica sede degli studi della sua casa di produzione cinematografica *Cinematograph*; in parte a Stoccolma in una casa borghese del quartiere di *Karlaplan*. In tempi relativamente brevi, vista la sua complessità: poco più di due mesi: dal 24 luglio al 3 ottobre del 1972.

LA BURRASCOSA VITA SENTIMENTALE DI INGMAR BERGMAN

(Le 5 mogli, le molte amanti)

Ingmar Bergman ebbe una vita sentimentale molto intensa e travagliata: nel lungo corso della sua vita si è sposato cinque volte, ha avuto un totale di nove figli e una teoria interminabile di relazioni e di amanti occasionali. Da quando, precocissimo, appena a otto nove anni, scoprì il sesso grazie a un bagno caldo e a qualche massaggio erotico che gli fu sapientemente dispensato dalla signora Alla Petreus.[27] Nel 1943 sposò Else Fischer, ballerina e

---

27 Ingmar Bergman, *Lanterna magica*, p.101.

coreografa che gli diede una figlia, la futura scrittrice Lena. Durante la lavorazione del film *Tormento*[28] - di cui fu sceneggiatore e diresse anche alcune scene finali per una indisposizione di Alf Sjoberg, il regista titolare - la moglie e la figlia si ammalarono di tisi e furono ricoverate in sanatorio. Il matrimonio durò fino al 1945, perché in quel periodo Ingmar Bergman conobbe Ellen Lundström, anche lei ballerina e coreografa, con la quale avviò una relazione; quando lei rimase incinta, decise di divorziare da Else Fischer per sposarla. Da Ellen Lundström ebbe quattro figli. Eva nel 1945, Jan nel 1946,

---

28 *Hets*, 1944.

morto nel 2000, Anna e Mat<u>s</u>, gemelli nel 1948.

Nel 1946 Ingmar Bergman ed Ellen Lundström andarono a vivere a Goteborg. Durante l'estate del 1949, mentre stava girando gli esterni a Helsingborg di *Verso la gioia*[29], il regista conobbe la giornalista Gun Hagberg. *"Una ragazza dieci e lode: bella, alta, sportiva, intensi occhi blu, riso aperto, belle labbra piene, disponibile, fiera, integra, piena di forza femminile ma sonnambula"*[30]. Con quella partì per Parigi per un periodo di tre mesi, dove iniziò una relazione che continuò fino al ritorno a casa. Nel 1950 ottenne il

___
29 *Till Gladje*, 1950.
30 Ingmar Bergman, *Lanterna magica*.

divorzio da Ellen Lundstrom e nel 1951 sposò Gun Hagberg, che diventò così la sua terza moglie. Da lei, nel 1950, ebbe un figlio: Lill-Ingmar. Gun Hagberg morì in un incidente stradale, non prima che la nemesi si abbattesse su di lei: durante la lavorazione del film *Monika e il desiderio*[31] Bergman inizia una relazione con la protagonista Harriet Andersson. Quando le riprese furono terminate... *"tornammo dalla nostra avventura sull'arcipelago, raccontai a Gun quel che era successo e le chiesi qualche mese di respiro perché sia Harriet che io eravamo convinti che la nostra relazione non sarebbe durata a lungo. Gun andò su tutte le furie*

---

31 *Sommaren med Monika*, 1952.

e mi mandò all'inferno.[32]"
Tuttavia lo stesso Ingmar Bergman certifica l'importanza che la terza moglie ebbe nella sua vita e soprattutto nella sua carriera, quando afferma che: *"...Gun fu il modello di molte donne dei miei film: Karin Lobelius in* Donne in attesa[33], *Agda in* Una vampata d'amore[34], *Marianne Egerman in* Una lezione d'amore[35], *Susanne in* Sogni di donna[36], *e Desirée Armfeldt in* Sorrisi di una notte d'estate[37]. *"Nella incomparabile Eva Dahlbeck*[38] *trovai la sua*

32 Ingmar Bergman, *Lanterna magica.*
33 *Kvinnors vantan*, 1952
34 *Gyklarnas afton, 1953.*
35 *En lektion i karlek*, 1954.
36 *Kvinnodrom*, 1955.
37 *Sommarnattens leende, 1955.*

38 Attrice bergmaniana degli anni '50.

interprete. " [39] Verso la fine degli anni cinquanta Ingmar Bergman conobbe la pianista Kabi Laretei[40] che nel 1959 divenne la sua quarta moglie fino al 1969. Da lei ebbe Daniel[41] nel 1962. Nel 1964 Bergman s'innamorò dell'attrice Liv Ullmann. Dalla loro relazione nacque nel 1966 una figlia, Linn (che prese il cognome della madre). Nel 1972 Ingmar Bergman sposa Maria von Rosen, con la quale aveva una relazione da anni e una figlia, Maria, avuta nel 1959. Con Ingrid restò sposato fino al 1995, anno della morte. Un durissimo colpo per Ingmar Bergman. Il dolore per la grave perdita lo fece cadere in

---

39 Ingmar Bergman, *Lanterna magica.*
40 *Ibidem,* p.198.
41 Cui dedicò un episodio di *Stimulantia*, 1967.

uno stato di profonda depressione[42]; il regista, che nel frattempo era ritornato a vivere in patria, si ritirò nell'isoletta di Fårö, nel Mar Baltico, dove condusse una vita solitaria. E, dal 2003, non abbandonò più l'isola, fino alla morte, sopraggiunta nel luglio del 2007.

Oltre a Liv Ullmann, le altre attrici *bergmaniane* più note con cui Ingmar Bergman condivise la sua vita furono Harriet Andersson, Bibi Andersson e Ingrid Thulin. Ma, più o meno, con tutte le attrici che lavorarono

---

42 *"Ingrid e io scherzavamo sulla morte. Io sarei dovuto morire e lei seduta al mio fianco, doveva restare la sua ultima immagine... Invece la sua morte è stata la cosa più crudele che mi sia capitata, mi ha reso invalido."* (Ingmar Bergman, *Lanterna magica*.)

con lui ebbe relazioni sentimentali. A tale proposito raccomando di leggere uno stupendo ed esaustivo articolo firmato da Natalia Aspesi, in occasione della sua morte.

Infine, una curiosità: tra gli interpreti del film c'è il nome di un'attrice italiana, seppure bambina. Si tratta di Rosanna Mariano, nel ruolo di Eva, una delle figlie della coppia, che aveva già lavorato con Ingmar Bergman - uno dei rarissimi casi, se non unico, di collaborazione di attori italiani col Maestro - anche nel precedente *Sussurri e grida*, dove interpretava il ruolo di Agnes da bambina.

NOTIZIE SUL FILM

Titolo originale	*Scener ur ett äktenskap*
Lingua originale	svedese
Paese di produzione	Svezia
Anno	1973
Durata	167 min
Colore	colore (Eastmancolor)
Audio	sonoro (mono)
Rapporto	1,37:1
Genere	drammatico
Regia	Ingmar Bergman
Soggetto	Ingmar Bergman
Sceneggiatura	Ingmar Bergman
Produttore	Lars-Owe Carlberg
Casa di produzione	Cinematograph AB
Fotografia	Sven Nykvist
Montaggio	Siv Lundgren
Musiche	Owe Svenso
Scenografia	Björn Thulin
Costumi	Inger Pehrsson

INTERPRETI e PERSONAGGI

Liv Ullmann: Marianne

Erland Josephson: Johan

Bibi Andersson: Katarina

Jan Malmsjö: Peter

Gunnel Lindblom: Eva

Anita Wall: signora Palm

Barbro Hiort af Ornäs: signora Jacobi

Lena Bergman: Karin, bambinaia di Eva

Wenche Foss: madre

Rosanna Mariano: Eva (12 anni)

Bertil Norström: Arne

PREMI VINTI

David di Donatello 1975:
migliore attrice straniera
Liv Ullmann

Golden Globe 1975:
miglior film straniero

**Kansas City Film Critics
Circle Awards 1976**:
miglior film straniero

**1975, National Society of Film
Critics Awards** (Stati Uniti
d'America)

INDICE